DESSINS ANCIENS

DES ÉCOLES FRANÇAISE & HOLLANDAISE

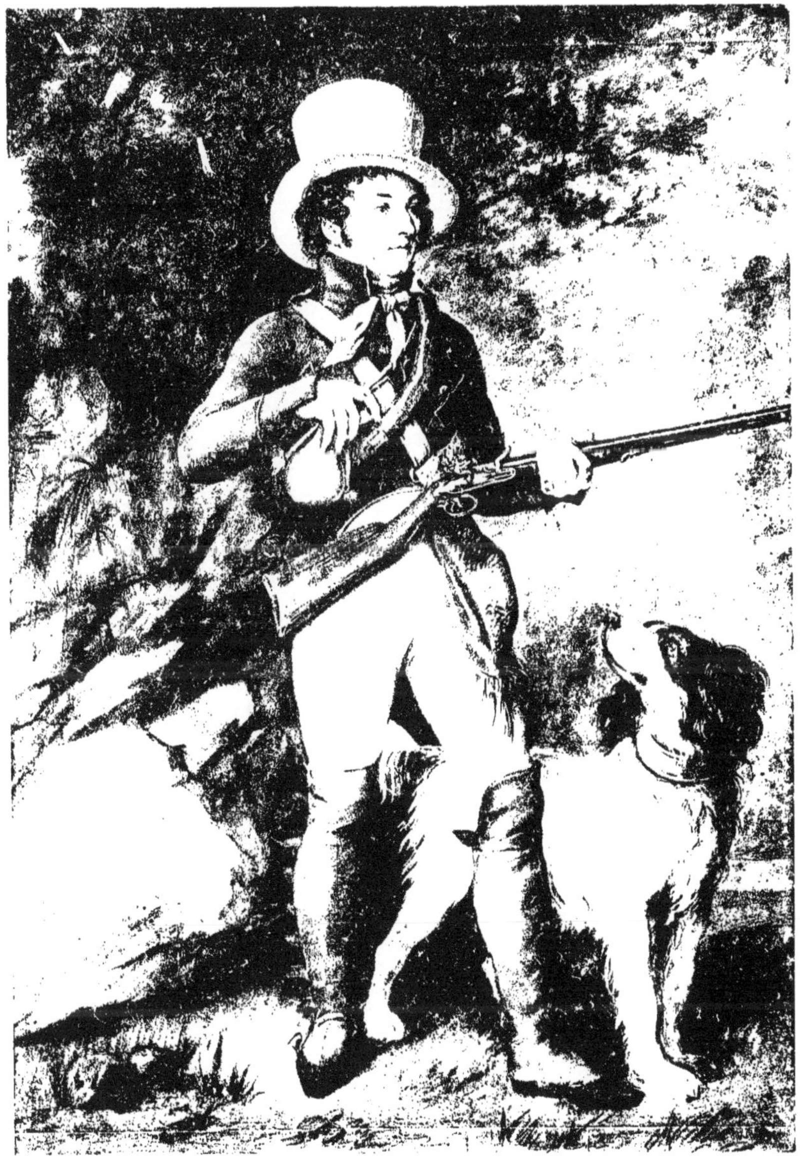

DESSINS ANCIENS

principalement

des Ecoles Française et Hollandaise

du XVIIIe siècle.

GOUACHES, AQUARELLES
Pastels

CATALOGUE

DE

DESSINS ANCIENS

Principalement
des Écoles Française et Hollandaise
du XVIIIe siècle.

GOUACHES, AQUARELLES, PASTELS

Par ou attribués à :

BOILLY, BOSIO, BOUCHER, BRICEAU,
CLOUET, COCHIN, DUBOIS, DUPUIS. DUSART, FRAGONARD,
FREUDENBERG, VAN GOYEN, GREUZE,
VAN DER HEYDEN, HILAIR, HOIN, INGRES, JORDAENS, LANGENDIJK,
LEJEUNE, LE PRINCE, MEYER, OUWATER,
PERRONNEAU, B. PICART,
POURCELLY, PRUDHON, HUBERT-ROBERT, LES SAINT-AUBIN,
SERGENT, TRINQUESSE, VAN LIENDER,
VAN LOO, VELADE, C. VERNET, WATTEAU, WILDENS, etc., etc.

Dont la Vente aux enchères publiques aura lieu

HOTEL DES COMMISSAIRES-PRISEURS, Rue Drouot, Nᵒ 9.

Salle Nᵒ 7.

Le Vendredi 17 Mai 1907, à deux heures.

Commissaire-Priseur :	*Expert :*
Mᵉ André COUTURIER	**M. Paul ROBLIN**
Successeur de Mᵉ Léon Tual	*Marchand d'Estampes*
56, Rue de la Victoire, 56	65, Rue Saint-Lazare, 65

EXPOSITION PUBLIQUE

Le Jeudi 16 Mai 1907, de 1 heure 1/2 à 6 heures.

CONDITIONS DE LA VENTE

Elle sera faite au comptant.

Les adjudicataires paieront *dix pour cent* en sus des enchères.

L'Exposition mettant le public à même de se rendre compte de l'état et de la nature des pièces, aucune réclamation ne sera admise une fois l'adjudication prononcée.

DESSINS ANCIENS

Gouaches, Aquarelles, Pastels

ALLARD (Maurice)

1. — La Place de la Comédie à Bordeaux.

    Sépia.

    Signé et daté : Maurice Allard del. an X.

                         (H. 0.33. — L. 0.54)

ANONYME

2. — Trois petits sujets d'illustration pour les Œuvres de Pétrarque et autres ouvrages des XVIe et XVIIe siècles.

    Plume et encre de Chine.

BAZIN (XVIIIe siècle)

3. — Projets pour la construction d'une Eglise.

    Plume et lavis d'encre de Chine.

    Signé Bazin fecit.

                         (H. 0.35. — L. 0.23 1/2)

BOILLY (Jules)

4. — Portrait de Louis Boilly, peintre.

Représenté en costume de chasseur. Il est coiffé d'un large chapeau de paille de forme tromblon, il arme son fusil et son chien le regarde.

Important et beau dessin au crayon noir rehaussé de pastel. Signé sur le collier du chien : Jul. Boilly 1819.

(H. 0.65. — L. 0.45)

BOISSIEU (Attribué à J.-J. de)

5. — Portrait de l'abbé Aubert.

Lavis d'encre de Chine rehaussé de gouache.

(H. 0.23. — L. 0.15 1/2)

BOSIO (D.)

6. — Les Apprêts pour le bal masqué.

Plume et lavis de sépia.

(H. 0.17. — L. 0.23)

BOUCHER (François)

7. — Amours.

Gracieuse composition provenant du cabinet de Messire Gaspard Moyse de Fontanieu, intendant et conseiller général des Meubles de la Couronne.

A été gravée par Demarteau l'aîné qui la lui a dédiée.

(H. 0.35. — L. 0.28

BOUCHER (François)

8. — Femme couchée et Amour.

Belle étude à la sanguine.

(0.21. — L. 0 26)

BOUCHER (François)

9. — Projet de Fontaine.

L'Amour sur un dauphin précède un groupe de naïades que des tritons lutinent. Dans le fond, décoration de feuillage et de rocaille.

Belle composition à la plume lavée de sanguine et de bistre.
Signé : F. Boucher f.

(H. 0.22. — L. 0.35)

BOUCHER (François)

10. — Le Retour des Champs.

Une jeune villageoise assise contre une palissade et ayant son enfant auprès d'elle, offre à un âne une poignée d'herbe.

Vigoureuse sanguine.

(H. 0.28 1/2. — L. 0 35 1/2)

BOUCHER (d'après Fr.)

11. — Les Nymphes surprises.

Sanguine.

(H. 0.33. — L. 0.43)

BOUCHER Fils

12. — Tête d'homme jeune.

Etude à la sanguine.

(H. 0.23. — L. 0.17)

BOUILLON

13. — Il n est plus temps

Une jeune fille, à l'ombre de grands arbres, semble pleurer une perte irréparable.

Joli et fin dessin au crayon. A été gravé par Audouin.

Ovale (H. 0.27. — L. 0.21 1/2)

BRICEAU (Angélique)
(Femme Allais)

14. — Vue d'un village turc, au bord de la mer.

Charmante composition animée de nombreuses figures.

Lavis d'encre de Chine.
Signé *A. Briceau.*

(H. 0.15. — L. 0.22

CAGNIART (E.)

15. — Le soleil et la neige.

Pastel.

(H. 0.45. — L. 0.59)

CHOFFARD (P. P.)

16. — Un Aigle tenant dans ses serres la hampe d'un drapeau où on lit le nom de Charles Aéronaute.

Plume et lavis d'encre de Chine.

(H. 0.15. — L. 0.19)

CLOUET (attribué à)

17. — Portrait d'homme.

Crayons de couleurs.
Cadre ancien en bois sculpté et doré.

(H. 0.19. — L. 0.12)

COCHIN le fils (Ch. Nic.)

18. — Portraits d'homme et de dame, vus en buste et de
profil.

Crayon noir.

(Diam. o.12)

CONSTABLE (John)

19. — Paysage du pays de Galles.

Crayon noir.
Collection de G. Smith.

(H. 0.27. — L. 0.42)

DESRAIS (Claude Louis)

20. — Réunion chez un chimiste.

Plume et lavis de sépia.

(H. 0.12 — L. 0.14)

DUBOIS (François)

21. — Portrait d'homme assis sous un palmier et tenant
un carton à dessins sur les genoux; dans le fond,
les Pyramides.

Crayon noir rehaussé de gouache.
Signé et daté 1803.

(H. 0.41. — L. 0.32)

DUBOIS (François)

22. — Portrait d'homme assis sur des ruines et tenant
un sabre, dans le fond un palais fortifié.

Crayon noir rehaussé de gouache.
Signé et daté 1803.

(H. 0.41. — L. 0.32)

DUPUIS (C.), architecte

23. — Fédération des départements du Haut et Bas-Rhin
et partie des départements voisins, exécutée à
Strasbourg sur la plaine dite des Bouchers.

L'Estampe retrace le moment où les drapeaux de
tous les départements vont se réunir pour la Bénédiction
à l'autel de la Patrie, le 13 juin 1790.

Plume et lavis d'encre de Chine.
Signé.

(H. 0.31. — L. 0.46)

DUSART (Corneille)

24. — Kermesse de village.

Beau dessin à l'encre de Chine.

(H. 0.12. — L. 0.20)

ECOLE HOLLANDAISE (18ᵉ siècle)

25. — La Nativité.

Du divin enfantelet émane une lumière qui éclaire
toute l'étable. La Vierge, St Joseph et d'autres personnages agenouillés entourent le rustique berceau. Dans
le fond, descendant un escalier, arrivent les bergers
chargés de présents.

Remarquable dessin d'une tonalité puissante et lumineuse.
Sépia rehaussée de traits de sanguine.

(H. 0.29. — L. 0.37)

FRAGONARD (Honoré)

26. — Le Médaillon.

Assise devant une cheminée, une jeune femme montre un médaillon à un jeune homme empressé auprès d'elle.

Charmante scène, vivement enlevée au crayon noir.
Cité dans l'Œuvre de Fragonard par le Bon Portalis.

(H. 0.23. — L. 0.17 1/2)

FRAGONARD (Honoré)

27. — Escalier dans un Parc.

Au milieu, un large escalier aboutissant à une terrasse ; à droite et à gauche, bouquets d'arbres, vase et statue.

Sépia.

(H. 0.12 1/2. — L. 0.19 1/2)

FRAGONARD (Honoré)

28. — L'Instant favorable.

Une jeune femme, la main appuyée sur un bureau, semble s'abandonner dans les bras d'un jeune homme qui la soutient avec tendresse.

Dessin au crayon noir largement esquissé.

(H. 0.21. — L. 0.17)

FRAGONARD (Honoré)

29. — Villa italienne.

Beau et important dessin à la sanguine.

(H. 0.31. — L. 0.41)

FRAGONARD (Honoré)

30. — Terrasse dans un parc d'Italie.

Mine de plomb.

(H. 0.13 1/2. — L. 0.17 1/2)

FRAGONARD (Honoré)

31. — Escalier dans un parc d'Italie.

Mine de plomb.

(H. 0.13. — L. 0.17)

FRAGONARD (Honoré)

32. — Le Dessinateur endormi.

Croquis au crayon noir.

(H. 0.18. — L. 0.12 1/2)

FRAGONARD (Honoré)

33. — Vue de Parc avec statues et pièce d'eau.

Joli croquis au crayon noir.
Ancienne collection Walferdin.

(H. 0.16. — L. 0.20 1/2)

FRAGONARD (Honoré)

34. — Paysage, avec torrent, arbres et roches.

Croquis à la sépia.

(H. 0.17. — L. 0 22)

FRAGONARD (Honoré)

35. — Commissionnaire, vu de dos.

Vigoureuse étude à la sanguine.
Signé à dr. Fragonard.
Cadre ancien en bois sculpté et doré de l'époque Louis XIII.

(H. 0.20. — L. 0.14)

FREUDENBERG (S.)

36. — La Déclaration.
Le Mariage.

Deux sujets d'illustration, représentant des personnages français et ottomans.

Plume et lavis d'encre de Chine, un est signé.
Cadres anciens en bois sculpté et doré.
Collection Jules Dupan.

(H. 0,13. — L. 0,07 1/2)

GOYEN (J. van)

37. — Vue de la Meuse, près Dordrecht (?).

A droite, la ville surmontée de ses églises. Le fleuve est sillonné de barques de pêcheurs. Au premier plan, à gauche, un bac amène à la ville trois chevaux et des passagers.

Important et beau dessin, au crayon noir, signé des initiales du Maître et daté.

(H. 0,18. — L. 0,41)

GOYEN (J. van)

38. — Paysage de Hollande, avec cours d'eau et animé de figures.

Pierre noire.
Cadre ancien en bois sculpté et doré de l'époque Louis XIII.

(H. 0,12 1/2. — L. 0,19)

GRAVELOT (attribué à Hubert)

39. — Buste de Clémence Isaure.

Plume et lavis de sépia.

(H. 0,14. — L. 0,10)

GREUZE (J.-B.)

40. — Paysanne des environs de Parme.
Jeune marchande de fleurs de Gênes.

Deux jolis dessins à l'encre de Chine faisant pendants. Ils ont été gravés dans un recueil de costumes intitulé : Voyage en Italie.

(H. 0.18. — L. 0.13)

GUÉRIN fils (de Montpellier)

41. — Buffet mécanique de la Muette conduit d'après les idées du Roy par le Sr Guérin de Montpellier, 1754.

Plume et lavis d'encre de Chine, avec joli cartouche à l'aquarelle.

(H. 0.28. — L. 0.20)

HEYDEN (van der)

42. — Vue de Ville, en Hollande.

Très fine et très belle aquarelle animée de nombreux groupes de personnages, cavaliers, voitures.

(H. 0.18 1/2. — L. 0.30)

HILAIR (J.-B)

43. — Costume de Janissaire.

Plume et sépia.
Signé à gauche *Hilair*.

(H. 0.17 1/2. — L. 0.11 1/2)

HILAIR (J.-B.)

44. — Femmes turques montant dans une embarcation.

Sépia.
Signé : *J.-B. Hilair, l'an 4e de la Rép.*

(H. 0.15. — L. 0.21 1/2)

HOIN (Claude)

45. — Le Repas champêtre.

Assise sur un tertre, auprès de gros arbres, une jeune villageoise distribue une collation à des enfants. Dans le fond, une colonnade en forme de temple en ruines émerge d'un bosquet.

Belle aquarelle, rehaussée de gouache, portant le nom de Hoin dans les inscriptions de la frise du temple.

(H. 0.27. — L. 0.20 1/2)

HUEZ (D')

46. — Procédés des Sieurs Montgolfier et Charles. La Physique y préside et semble satisfaite de leur découverte.

Plume et sépia.
Signé *D'Huez*.
Collection du Mis de Chennevières.

(H. 0.32. — L. 0.44)

HUEZ (D')

47. — Triomphe de la Physique à l'occasion de la machine aérostatique.

Plume et sépia.
Signé *D'Huez*.
Collection du Mis de Chennevières.

(H. 0.33. — L. 0.23)

INGRES (Attribué à Aug.-D.)

48. — Portrait présumé de Madame Anfrye, parente de
la famille Gatteaux.

Crayon noir.
Signé à l'encre : *Ingres. Famille Gatteaux.*

(H. 0.33. — L. 0.23)

JORDAENS

49. — La Famille de l'Antiquaire.

Pendant qu'il examine avec attention un objet qu'il
tient en sa main, sa vieille femme prépare la balance.
Dans le fond, debout, deux jeunes filles.

Beau dessin aquarellé.

(H. 0.17. — L. 0.14)

JELGERHUIS (J.)

50. — Vue de la porte de la Cour de l'Ouest sur la Meuse
à Amsterdam.

Belle aquarelle. (H. 0.24. — L. 0.20)

LANGENDIJK (Dirk)

51. — Siège d'une forteresse.

Dissimulés par un bouquet d'arbres les chefs ont mis
pied à terre et donnent des ordres à l'état-major ; des
cavaliers et des troupes à pied sont derrière eux.
Repoussés par les feux de l'ennemi des escadrons revien-
nent en hâte.

Important dessin au trait de bistre et à l'encre de Chine,
signé à droite et daté de 1778.
Cadre Louis XVI bois mouluré et doré.

(H. 0.026. — L. 0.38 1/2)

LANGENDIJK (Dirk)

52. — Incendie d'une voiture de munition, pendant un combat près de Waasdorp.

Belle et intéressante aquarelle, signée à gauche et datée de 1777.

(H. 0.21. — L. 0.27 1/2)

LE JEUNE

53. — Louis XVI prête serment à la Constitution (14 septembre 1791)

Superbe dessin en grisaille rehaussé de gouache, où l'on voit rassemblés, auprès du Roi, la plupart des personnages politiques de cette époque : Lafayette, Mirabeau, Bailly, etc. Au fond, à travers une arcade, on aperçoit la Reine Marie-Antoinette et ses enfants.

Ce dessin a été reproduit en gravure par David.

(H. 0.30. — L. 0.22)

LE PRINCE (Jean-Baptiste)

54. — Paysage de Russie, avec bateau et pêcheurs.

Lavis de sépia.

(H. 0.29. — L. 0.21)

LE PRINCE (Jean-Baptiste)

55. — Paysage avec ruines, animaux et figures.

Crayon noir.
Signé et daté 1755.

(H. 0.20. — L. 0.31)

LETHIÈRE (Guillon)

56. — Portrait de la femme du Peintre.

Aux crayons de couleurs.

(H. 0.29. — L. 0.25 1/2)

LETHIÈRE (Guillon)

57. — Portrait de L. Sauvageot à onze ans ; médaillon.

Dessin avec dédicace.

(Diam. 0.19)

LEXMUND (J. van)

58. — Ferme, auprès d'une rivière, en Hollande. Effet
d'hiver.

Belle aquarelle, animée de personnages et traîneau.

(H. 0.221/2. — L. 0.32 1/2)

LUMINAIS (V.)

59. — Académie de femme.

Pierre noire. Signée.
Vente de l'artiste.

(H. 0.44. — L. 0.28)

LUMINAIS (V.)

60. — Tête d'homme.

Crayon noir.
Vente de l'artiste.

(H. 0.50. — L. 0.41)

MARILLIER (P. C.)

61. — Orphée.

Très beau dessin à la mine de plomb.
Signé et daté : *C. P. Marillier inv. 1773.*
Collection du Mis de Chennevières.

(H. 0.16 1/2. — L. 0.13 1/2)

MAYER (attribué à Mlle)

62. — Portrait de jeune femme.

De face, le corps légèrement dirigé vers la droite,
coiffée d'un chapeau garni de rubans.

Crayon noir rehaussé de pastel.

(H. 0.42. — L. 0.30)

MEYER (C.)

63. — Vue d'une place, un jour de marché, en Hollande.

Curieux et vivant tableau de la vie locale en hiver et
par la neige.

Important dessin à l'encre de Chine d'une exécution remarquable et ingénieuse.
Cadre Louis XVI en bois sculpté et doré.

(H. 0.26. — L. 0.40)

MONSIAU (N. C.)

64. — Portrait de Vincent, Peintre d'histoire.
Crayon noir.
Signé : Monsiau del[t].

(H. 0.15. — L. 0.12)

MOREAU (attribué à Louis)

65. — Paysage avec mare, chaumières, et pêcheurs dans
une barque.

Charmante gouache d'une conservation parfaite dans un
cadre en bois sculpté et doré.

(H. 0.12. — L. 0.20)

MOUCHERON

66. — Paysage avec grands arbres au bord d'un torrent.
Au premier plan un groupe de personnages.

Vigoureuse étude au trait de plume, lavé d'encre de chine et de bistre.

(H. 0,56. — L. 0,42 1/2)

NILSON (J. E.)

67. — Repos des chasseurs.
Crayon noir.

(H. 0,22. — L. 0,28)

OUDRY (Jean-Baptiste)

68. — Etudes de chiens.
Crayon noir.

(H. 0,19. — L. 0,28)

OUWATER (J.)

69. — Paysage, avec chaumières et moutons, en Hollande.
Belle aquarelle.

(H. 0,28. — L. 0,40)

PATER (J.-B.)

70. — Le Glouton.
Spirituelle interprétation du conte de La Fontaine.
Sanguine.

(H. 0,22. — L. 0,18 1/2)

PERNET

71. — Cour intérieure de Palais, avec bassin et laveuses.
Sanguine.

(H. 0,18 — L. 0,31)

PERRONNEAU (J.-B.)

72. — Femme couchée.

Pierre noire et estompe.
Vente Durier.

(H. 0.30. — L. 0.42)

PERRONNEAU (J.-B.)

73. — Tête de femme.

Sanguine rehaussé de blanc sur papier bleu.
Vente Durier.

(H. 0.43. — L. 0.37)

PICART (Bernard)

74. — Une visite chez l'Orfèvre.

Très intéressant dessin au trait relevé d'encre de
de Chine.

(H. 0.11. — L. 0.33)

PICART (Bernard)

75. — Nain et Géant.

Plume et lavis d'encre de Chine.

(H. 0.15. — L. 0.18)

PILLEMENT (Jean)

76. — Paysan et Paysanne.

Pierre d'Italie.

(H. 0.17. — L 0.26)

PORTAIL (Jacques-André)

77. — Deux personnages debout, en costumes Louis XV.

Aux crayons de couleurs

(H. 0.16. — L. 0.18 1/2)

POURCELLY

78. — Paysages avec Temples et Palais, animés de nombreux personnages.

Deux pendants.

Gouaches.   (H. 0.48. — L. 0.54)

POURCELLY

79. — Paysages avec ruines, figures et animaux.

Deux pendants.

Gouaches.

(H. 0.48. — L .54)

PRUD'HON (Pierre-Paul)

80. — Académie de femme.

Crayon noir rehaussé de blanc sur papier bleu.

ROBERT (Hubert)

81. — La Collation.

Au milieu des ruines d'un temple dont la colonnade s'étend au loin, des personnages sont groupés : le père, debout sur un socle, tient la fillette appuyée contre lui, devant lui, un jeune garçon vêtu d'une longue blouse flottante, tous attendant la collation que va leur distribuer la mère, hissée sur un débris du monument.

Beau et important dessin aquarellé.

(H. 0.37. — L. 0.28 1/2)

ROBERT (Hubert)

82. — Les Laveuses.

185

Sous de grands arbres, une fillette portant une jarre est accoudée sur le socle d'une statue antique ; près d'elle une femme lave son linge dans une grande vasque

Beau dessin à la sanguine.

(H. 0.35 1/2. — L. 0.28 1/2)

ROBERT (Hubert)

83. — Escalier avec fontaines et statues.

250

A gauche, un palais qui se prolonge dans le fond et à droite. Au pied de l'escalier apparaît une fontaine, et çà et là des statues de divinités.

Beau dessin à la sanguine.

(H. 0.50. — L. 0.39)

ROBERT (Hubert)

84. — La Barque de Monsieur Bergeret.

102

Sur les bords d'une rivière longeant un parc, cinq hommes et femmes tirent une embarcation sous les ordres du célèbre financier.

Sanguine.

(H. 0.29. — L. 0.37)

ROBERT (Hubert)

85. — Groupe de personnages : femmes et enfants.

Etude au trait de plume, lavé de sépia.

(H. 0.11 1/2. — L. 0.16)

ROBERT (attribué à Hubert)

86. — Route longeant une villa italienne avec terrasse.

Aquarelle.

(H. 0.30 1/2. — L. 0.21 1/2)

ROBERT (Ecole de Hubert)

87. — Le Puits.

Vigoureux dessin au crayon noir.

(H. 0.29. — L. 0.37)

SAINT-AUBIN (Augustin de)

88. — Jeune femme écrivant une lettre.

Spirituel griffonis au crayon noir.
Cadre bois sculpté et doré.

(H. 0.12. — L. 0.10 1/2)

SAINT-AUBIN (Gabriel de)

89. — Le Jeune dessinateur.

Vu de profil à gauche, accoudé sur son pupitre, en habit jaune, perruque à catogan.

Crayon noir, rehaussé de pastel.
Cadre ancien en bois sculpté.
(A figuré à l'exposition de la ville de Paris en 1900).

(H. 0.15. — L. 0.11)

SAINT-AUBIN (Gabriel de)

90. — Scène familiale.

Auprès de la cheminée, la grand'mère, assise par terre, caresse un chien reposant sur ses genoux ; auprès d'elle, un enfant tient un chien dans ses bras.

Bon dessin au crayon noir et à l'estompe.

(H. 0.16. — L. 0.13)

SAINT-AUBIN (Gabriel de)

91. — L'Assemblée au concert.

Spirituel croquis au crayon noir.

(H. 0.15. — L. 0.23)

SERGENT (A. F.)

92. — Portrait de femme.

En buste, la tête dirigée vers la gauche, corsage décolleté avec manteau garni de fourrures, coiffure haute ornée de plumes et d'un large ruban bleu.

Crayon noir rehaussé de sanguine et d'aquarelle.
Signé : A. F. Sergent del. 1779, 5 février.
Cadre ancien en bois sculpté et doré.

(H. 0.15. — L. 0.11)

TRINQUESSE (Louis)

93. — Portrait de femme.

De profil dirigé vers la gauche et coiffée d'un petit bonnet de dentelles.

Belle étude à la sanguine.
Cadre ancien en bois sculpté et doré de l'époque Louis XIII.

(H. 0.16. — L. 0.14)

VAN LIENDER (P.)

94. — Paysage de Hollande.

Bordée de grands arbres et longeant une rivière qu'elle traverse un peu plus loin, une route conduit au village dont on aperçoit les maisons. Sur le pont, une voiture est arrêtée et des paysans engagent une conversation en plein soleil. Au premier plan, un groupe de personnages ; à droite, un marinier dirige une barque lourdement chargée.

Fine et belle aquarelle, d'une charmante tonalité.

(H. 0.20 1/2. — L. 0.28)

VAN LOO (Carle)

95. — Soldats.

Réunion d'hommes d'armes cuirassés, casqués et armés de lances et de hallebardes. Au premier plan, un homme assis par terre, semble s'entretenir avec le chef ; à gauche, une barque qu'un pêcheur manœuvre.

Vigoureux dessin à la sanguine, de la plus belle qualité.
A été gravé par G. Demarteau, qui l'a dédié à l'artiste.

(H. 0.37. — L. 0.30)

VAN LOO (Carle)

96. — Etudes de mains.

Aux deux crayons, sur papier chamois.

(H. 0.33. — L. 0.22 1/2)

VELADE

97. — Portrait de François Rivard, Ancien professeur de Philosophie au Collège de Beauvais, né à Châteauneuf en Lorraine.

Important dessin au crayon noir rehaussé de couleurs.
A été gravé par Aubert.

(H. 0.43. — L. 0.35)

VERNET (Carle)

98. — L'Inconvénient des perruques.

Jolie aquarelle connue par la gravure de Darcis.

(H. 0.26 1/2. — L. 0.29)

VERNET (Attribué à Carle)

99. — La Marchande d'eau-de-vie.

Crayon noir rehaussé d'aquarelle.
Cadre ancien en bois sculpté.

(H. 0.32. — L. 0.22)

VIARD

100. — Vue du Château de Versailles prise de l'extrémité de la pièce d'eau des Suisses.

Aquarelle.

Signée et datée : Viard 1825.

(H. 0.44. — L. 0.53)

WATTEAU (Antoine)

101. — Etude de femme, vue debout et par derrière.

Faite pour le tableau intitulé les deux cousines, avec une variante dans la tête et les épaules, inclinées vers la droite dans le dessin, et qui ne le sont pas dans le tableau. Le dessin diffère encore en ce sens que dans le tableau la coiffure porte un toquet de plumes sur la droite de la tête.

Sanguine.

(H. 0.18. — L. 0.16)

WATTEAU (Antoine)

102. — Vue d'un village en ruines, avec de grands arbres,
au bord d'une rivière, traversée par un pont.

Sanguine.

Cadre à oves Louis XVI, bois sculpté et doré.

(H. 0.20 1/2.— L. 0.34)

WATTEAU (Louis-François)

103. — Jeune Femme étendue sur un lit de repos.

Crayon noir.

Cachet de collection.

(H. 0.11. — L. 0.21)

WILDENS

(Ecole Hollandaise 18ᵉ siècle)

104. — Route traversant une forêt.

Au premier plan, à droite, un personnage se repose,
assis sur des troncs d'arbre.

Jolie aquarelle.

(H. 0.20. — L 0.26 1/2)

WITT (J. de)

105. — Quatre médaillons. Sujets mythologiques.

Signé.

(Diam. 0.10)

YVON (Adolphe)

106. — Général de la République

Important dessin au crayon noir rehaussé de gouache et
d'aquarelle.

Signé des Initiales.

Vente Antocolsky.

(H. 0.50. — L. 0.37)

ÉCOLE FRANÇAISE (XVIᵉ siècle)

107. — Décoration architecturale pour chapelle de la
Vierge.

Plume.

(H. 0.18. — L. 0.22)

ECOLE FRANÇAISE (XVIIIᵉ siècle)

108. — La Toilettte.

Dans un élégant boudoir, une dame de qualité,
debout, achève sa toilette. A droite, une suivante lui
prête son aide. A gauche, un jeune seigneur est assis, et
semble lui faire une déclaration. Table et accessoires de
toilette.

Pierre noire, rehaussé de blanc sur papier bleu.

(H. 0.41. — L. 0.30)

ÉCOLE FRANÇAISE (XVIIIᵉ siècle)

109. — Chasse au lapin, dans un paysage accidenté.

Charmante aquarelle.
Signature illisible.

(H. 0.17.— L. 0,23)

ECOLE FRANÇAISE (XVIIIᵉ siècle)

110. — Etude de femme debout, en costume d'intérieur.

Dessin au crayon noir.

(H. 0.35 1/2. — L. 0.24)

ÉCOLE FRANÇAISE (XVIIIᵉ siècle)

111. — Jeune fille assise sur un lit et tenant une draperie.

Etude de nu au crayon noir relevé de sanguine.

(H. 0.16 1/2. — L. 0.14)

ECOLE FRANÇAISE (XVIIIᵉ siècle)

112. — La Reconnaissance offre des fleurs.

Plume et lavis de sépia.

(H. 0.25. — L. 0.17)

ÉCOLE FRANÇAISE (XVIIIᵉ siècle)

113. — Paysage avec cours d'eau, animé de figures et d'animaux.

Plume et aquarelle.

(H. 0.19. — L. 0.25

ÉCOLE FRANÇAISE (XVIIIe siècle)

114. — Jeune femme couchée sous les arbres et tenant un petit chien auprès d'elle.

Spirituelle et lumineuse sépia.

(H. 0.14. — L. 0.17 1/2)

ÉCOLE FRANÇAISE (XVIIIᵉ siècle)

115. — Portrait de Louis XVI, représenté en pied, en grand costume de Cour.

Aquarelle.

(H. 0.31 1/2. — L. 0.15 1/2)

ÉCOLE FRANÇAISE (XVIIIᵉ siècle)

116. — Portrait de Claude Bourru.

Médaillon de profil dirigé vers la gauche, dans une bordure rectangulaire avec cartouche.
Crayon noir.
Signé : A. A. Bʸ 1792.

(H. 0.18. — L. 0.12)

ÉCOLE FRANÇAISE (XVIIIe siècle)

117. — Portait de Mme Panckoucke.

Représentée assise, accoudée sur une table et tenant une plume.

Sur la table est un obélisque où se trouvent écrits les noms des collaborateurs de l'Encyclopédie, avec cette inscription : *Aux grands hommes de l'Encyclopédie, Panckoucke, éditeur, 1793.*

Crayon noir rehaussé de gouache avec le titre : *Fribourg, an 8.*

(H. 0.37. — L. 0.28)

ÉCOLE FRANÇAISE (XVIIIe siècle)

118. — Portrait de femme, profil dirigé vers la gauche.
Sanguine.

(H. 0.12. — L. 0.10 1/2)

ÉCOLE FRANÇAISE (XVIIIe siècle)

119. — Médaille de la Société Philanthropique et Patriotique de Bienfaisance et des Bonnes Mœurs.

Encre de Chine.

(Diam. 0.07 1/2)

ÉCOLE FRANÇAISE (XVIIIe siècle)

120. — Chez le Barbier.

Plume et aquarelle.

(H. 0.06 1/2. — L. 0.08 1/2)

ÉCOLE FRANÇAISE (XVIIIe siècle)

121. — Compositions pastorales pour écrans de théâtre.

Elles sont entourées d'un cadre en rocaille agrémentée de vases, guirlandes de fleurs, vasques, etc.

Deux dessins formant pendants, à la plume et encre de Chine.

(H. 0.30. — L. 0.24)

ÉCOLE FRANÇAISE (XVIIIe siècle)

122. — Vue de la Seine, prise du Pont-Neuf.

Plume.

(H. 0.27. — L. 0.42)

ÉCOLE FRANÇAISE

123. — La Statue de la République.

Sur un socle, entourée d'une galerie à balustre, elle s'élève au milieu d'une vaste place bordée d'arbres ; des groupes de cavaliers, de dames et d'enfants, animent cette gracieuse composition.

Aquarelle.
Cadre Louis XVI, bois sculpté et doré.

(H. 0.22. — L. 0.32)

ÉCOLE DE 1830

124. — Canal à Venise.

Belle aquarelle.

(H. 0.19. — L. 0.26)

SUPPLÉMENT

PRUD'HON (P.-P.)

125. — Etude pour *la Justice divine poursuivant le crime*.

Beau dessin au crayon noir et à l'estompe rehaussé de blanc.
Collection de la Duchesse de Berry.

(H. 0.43. — L. 0.58)

GRANDE IMPRIMERIE DU CENTRE. — HERBIN, MONTLUÇON